사이언스 리더스

가난한 자들의 어머니
마더 테레사

바버라 크레이머 지음 | 김미선 옮김

비룡소

바버라 크레이머 지음 | 어린이와 청소년을 위해 역사 속 인물부터 오늘날 우리 주변에서 활약하는 사람들까지 다양한 인물들의 삶을 이야기로 풀어내는 작가이다.

김미선 옮김 | 중앙대학교 사학과 졸업 후 미국 마켓 대학교에서 커뮤니케이션으로 석사 학위를 받았다. 현재 어린이·청소년 책 출판 기획 및 전문 번역가로 활동하고 있다. 옮긴 책으로 『딸에게 보내는 인문학 편지』, 『런던의 마지막 서점』, 『어쩌다 고고학자들』, 『기네스 세계 기록 2025』 등이 있다.

이 책은 『마더 테레사: 공식 전기(Mother Teresa: An Authorized Biography)』의 저자
캐서린 스핑크와 메릴랜드 대학교의 독서교육학 명예 교수
마리엄 장 드레어가 감수하였습니다.

내셔널지오그래픽 키즈 사이언스 리더스
LEVEL 1 가난한 자들의 어머니 마더 테레사

1판 1쇄 찍음 2025년 10월 20일 1판 1쇄 펴냄 2025년 11월 14일
지은이 바버라 크레이머 **옮긴이** 김미선 **펴낸이** 박상희 **편집장** 전지선 **편집** 이혜진 **디자인** 김연화
펴낸곳 (주)비룡소 **출판등록** 1994.3.17.(제16-849호) **주소** 06027 서울시 강남구 도산대로1길 62 강남출판문화센터 4층
전화 02)515-2000 **팩스** 02)515-2007 **홈페이지** www.bir.co.kr **제품명** 어린이용 반양장 도서 **제조자명** (주)비룡소
제조국명 대한민국 **사용연령** 3세 이상 **ISBN** 978-89-491-6964-4 74400 / ISBN 978-89-491-6900-2 74400 (세트)

NATIONAL GEOGRAPHIC KIDS READERS LEVEL 1
MOTHER TERESA by Barbara Kramer
Copyright © 2019 National Geographic Partners, LLC.
Korean Edition Copyright © 2025 National Geographic Partners, LLC.
All rights reserved.
NATIONAL GEOGRAPHIC and Yellow Border Design are trademarks of the
National Geographic Society, used under license.

이 책의 한국어판 저작권은 National Geographic Partners, LLC.에 있으며, (주)비룡소에서 번역하여 출간하였습니다.
저작권법에 의해 한국 내에서 보호를 받는 저작물이므로 무단 전재와 무단 복제를 금합니다.

사진 저작권 CO: Corbis; GI: Getty Images
Cover: Tim Graham/GI, (background), Arsgera/Shutterstock; 1, Mere Teresa/ Bridgeman Images; 2, pirtuss/Shutterstock; 3, Keystone Features/ GI, 4, Bettmann/GI; 5, Tim Graham/GI; 6 (UP), Vittoriano Rastelli/CO via GI; 6 (LO), Tim Graham/GI; 8, Hans Hildenbrand / National Geographic Creative; 9, Vittoriano Rastelli/CO via GI; 10-11, Vittoriano Rastelli/ CO via GI; 12 (UP), Floortje/GI; 12 (LO), Kenneth Sponsler/Shutterstock; 13 (UP), JTB Photo/UIG via GI; 13 (CTR), biancardi/Shutterstock; 13 (LO), Vittoriano Rastelli/ CO via GI; 14, Vittoriano Rastelli/CO via GI; 16, Vittoriano Rastelli/CO via GI; 17, Zvonimir Atletic/Shutterstock; 18, Vittoriano Rastelli/ CO via GI; 19 (UP), Vittoriano Rastelli/CO via GI; 19 (LO), Earl & Nazima Kowall/GI; 20, JTB Photo/UIG via GI; 21, Keystone/GI; 22, Saikat Paul/Pacific Press/LightRocket via GI; 23 (UP), Terry Fincher.Photo Int/Alamy Stock Photo; 23 (LO), Friedrich Stark/Alamy Stock Photo; 24 (UP), pirtuss/Shutterstock; 24 (CTR), Dinodia Photo/GI; 24 (LO), paresh3d/GI; 25 (UP LE), traveler1116/GI; 25 (UP RT), catwalker/ Shutterstock; 25 (CTR), AFP/GI; 25 (LO), Jean-Claude FRANCOLON/Gamma-Rapho via GI; 26, Dave Norris/Toronto Star via GI; 27, Jean-Claude FRANCOLON/Gamma-Rapho via GI; 28-29, nafterphoto/Shutterstock; 28, Mark Wilson/GI; 29, Allison Joyce/GI; 30 (UP), pirtuss/Shutterstock; 30 (LO), traveler1116/GI; 31 (UP) JTB Photo/UIG via GI; 31 (CTR) Jean-Claude FRANCOLON/Gamma-Rapho via GI; 31 Allison Joyce/GI 32 (UP LE), Dave Norris/Toronto Star via GI; 32 (UP RT), Zvonimir Atletic/Shutterstock; 32 (LO LE), Tim Graham/GI; 32 (LO RT), Saikat Paul/ Pacific Press/LightRocket via GI; vocabulary box art, spatuletail/Shutterstock

이 책의 차례

마더 테레사는 누구일까?	4
사랑을 배운 아이	6
마더 테레사가 살던 시대에는…	12
수녀가 되기까지	14
수녀원을 떠나다	20
6가지 특별한 사실로 보는 마더 테레사	24
사랑을 퍼뜨리다	26
알쏭달쏭 O, X 퀴즈!	30
이 용어는 꼭 기억해!	32

마더 테레사는 누구일까?

마더 테레사는 평생 가난하고 병든 사람들을 위해 살았어. 배고픈 사람들에게는 음식을 주고, 아픈 사람들과 죽어 가는 사람들을 보살폈지.

마더 테레사는 사람들이 자신에게 관심을 갖는 걸 바라지 않았어. 그저 도움이 필요한 사람들을 조용히 도와주었지. 하지만 마더 테레사의 따뜻한 마음과 행동은 많은 사람들의 마음을 움직였고, 그의 사랑은 세상 곳곳에 알려지게 되었단다.

마더 테레사의 한마디

"중요한 것은 얼마나 많이 주었느냐가 아니라, 얼마나 많은 사랑을 담았느냐입니다."

사랑을 배운 아이

마더 테레사의 어릴 적 이름은 아녜제 곤제 보야지우였어. '테레사'라는 이름은 아녜제가 21살에 수녀가 되면서 선택한 새로운 이름이야.

하느님께 믿음을 약속했던 날의 아녜제

마더 테레사의 한마디

"우리는 위대한 일을 할 수 없습니다. 다만 위대한 사랑으로 작은 일을 할 뿐입니다."

1910년 8월 26일, 아녜제는 지금의 북마케도니아에 있는 스코페라는 도시에서 태어났어. 세 남매 중 막내였던 아녜제는 언니 한 명, 오빠 한 명이 있었지.

아녜제가 자란 스코페의 거리에서 채소를 사고 파는 사람들의 모습이야.

어릴 적 아녜제는 가족들과 함께 늘 기도했어. **성당**에서 노래를 불렀고, 책 읽기도 좋아했지. 나중에 작가가 되고 싶다고 생각한 적도 있었어.

마더 테레사 용어 풀이
성당: 하느님을 믿는 사람들이 모여 기도하는 곳.

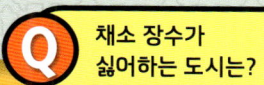
Q 채소 장수가 싫어하는 도시는? A 시금치

부모님은 아녜제에게 친절함을 가르쳐 주었어. 아녜제와 어머니는 먹을 것이 없는 이웃들에게 음식을 나누어 주고, 아픈 사람들도 돌보았단다.

아녜제와 어머니

아녜제의 아버지는 돈을 아주 잘 버는 사업가였어.

아녜제(맨 오른쪽)가 언니, 오빠와 함께 찍은 사진이야.

그런데 아녜제가 8살이었을 때 아버지가 갑자기 세상을 떠났어. 가족들에게 남은 돈은 거의 없었지. 그럼에도 아녜제와 어머니는 여전히 자기보다 더 어려운 사람들을 계속 도왔어.

12살이 된 아녜제는 성당에서 가난한 사람들을 돕는 **수녀**들의 이야기를 들었어. 아녜제가 원하던 바로 그 일이었지.

마더 테레사 용어 풀이

수녀: 하느님과 사람들을 위해 평생을 일하기로 약속한 여성.

반 친구들과 함께 있는 아녜제

마더 테레사가 살던 시대에는…

마더 테레사가 어린 시절을 보냈던 1910년대의 스코페는 지금과 많이 달랐어.

놀이와 장난감: 아이들은 주로 술래잡기 같은 놀이를 했어. 여자아이들은 줄넘기를 하거나 헝겊 인형을 가지고 놀았고, 남자아이들은 구슬치기나 공놀이를 즐겼지.

교통수단: 보통 걸어서 다니거나 자전거를 탔어. 마차를 타기도 했지. 멀리 갈 때는 배나 기차를 이용했단다.

사람들의 생활: 사람들은 자갈길을 따라 걸으며 작은 가게들이 모여 있는 시장에서 가게 주인이 손수 만든 물건을 샀어.

1910년대의 모습이 남아 있는 오늘날 스코페의 시장 거리

연락 방법: 스코페에 단 두 곳이었던 우체국에 들러 편지를 보냈어. 전화기가 생기기 전에는 소리 신호로 짧은 메시지를 보내는 '전보'라는 방법도 썼지.

옷: 남자아이들은 반바지를 입었고, 좀 더 크면 긴바지를 입었어. 여자아이들은 그때 유행했던 옷을 입었는데, 특별한 날에는 나라를 대표하는 전통 옷을 입기도 했단다.

아녜제(왼쪽)와 언니가 전통 옷을 입은 모습

수녀가 되기까지

아녜제가 아일랜드로 떠나기 며칠 전에 찍은 사진이야.

아녜제는 6년 동안 수녀가 되게 해 달라고 기도했어. 그리고 18살이 되었을 때 마침내 그 꿈을 향해 첫걸음을 내디뎠어. 아일랜드의 로레토 **수녀회**에 들어간 거야.

| Q 배가 부르는 노래는? | 윙싸 A |

아녜제는 로레토 수녀회에서 수녀가 되기 위한 **수련**을 시작했어. 6주 뒤에는 **선교사**로 일하러 멀리 인도로 떠났지.

마더 테레사 용어 풀이

수녀회: 수녀가 되도록 가르치고, 어려운 이들을 돕는 수녀들의 모임.

수련: 어떤 일을 잘하기 위해 배우고 연습하는 과정.

선교사: 다른 나라로 가서 신의 뜻을 전하고, 필요한 이들에게 도움을 주는 사람.

아녜제는 아일랜드에서 배를 타고 인도에 갔어. 꼬박 5주가 걸렸대.

수녀가 되기까지는 여러 해가 걸렸어. 아녜제는 인도에서도 계속 수련을 받았지. 1931년, 마침내 아녜제는 21살에 수녀로서 새로운 삶을 시작하며 '테레사'라는 이름을 정했어.

인도 다르질링에서 수녀가 되기 위해 수련을 받던 시절, 아녜제(왼쪽)와 다른 여성

이 성당은 콜카타의 수녀원 안에 있어. 테레사 수녀가 지내던 곳이야.

같은 해, 테레사 수녀는 인도의 콜카타에서 아이들을 가르치기 시작했어. 학교는 그가 지내던 콜카타의 **수녀원** 안에 있었지. 아이들은 테레사 수녀의 수업이 재미있다며 참 좋아했대.

마더 테레사 용어 풀이

수녀원: 수녀들이 함께 살고 일하며 기도하는 곳.

그로부터 몇 년 동안 테레사 수녀는 기도하고 더 수련하며 수녀로서의 생활을 해 나갔어. 그리고 1937년, 이제는 평생을 하느님께 바치기로 마지막 약속을 했지. 이때부터 그는 '마더 테레사'라고 불렸어. '마더'는 수녀원에서 중요한 책임을 맡은 수녀의 이름 앞에 붙여 준단다.

맨 오른쪽에 서 있는 사람이 마더 테레사야. 평생을 하느님께 바치겠다고 약속하던 날이라 수녀복을 입었지.

마더 테레사의 한마디

"저는 하느님의 손에 쥐어진 작은 연필에 불과합니다."

마더 테레사는 수녀원에서 지내는 날들이 참 행복했어. 하지만 수녀원 밖으로 나가 보면 먹을 것도, 잘 곳도 없는 사람들이 있었지. 마더 테레사는 그 사람들을 도우라고 하느님이 자신을 부르는 것을 느꼈어.

굶주린 아이들이 쓰레기 더미에서 음식을 찾고 있어.

수녀원을 떠나다

마더 테레사는 더 이상 수녀원의 학교 안에서 아이들을 가르치는 것만으로는 부족하다고 느꼈어. 그래서 1948년, 가장 가난한 사람들을 돕기 위해 수녀원을 떠나 거리로 나갔지. 그동안 정든 집과 친구들을 떠나는 일은 무척 힘들었어. 하지만 그는 가난한 사람들을 돕는 일을 할 준비가 되어 있었어.

마더 테레사는 수녀원을 떠날 때 검은색 수녀복 대신, 인도에서 가장 가난한 사람들이 입는 흰 사리로 갈아입었단다.

화려한 색의 사리를 입은 인도 여성들

사리는 한 장의 천을 몸에 둘둘 감아서 입는 인도 여성들의 전통 옷이야. 마더 테레사는 흰 바탕에 파란색 줄이 세 줄 들어간 사리를 입었어.

마더 테레사는 처음에 작은 학교를 열었어. 그러자 다른 여성들이 하나둘씩 마더 테레사와 일하러 모여들었어. 그 사람들도 마더 테레사 같은 수녀가 되고 싶었거든.

1950년이 되자 마더 테레사와 그를 돕던 수녀들은 '사랑의 선교 수녀회'라는 이름으로 불리게 되었어. 이제 그들은 새로운 수녀 모임, 그러니까 새로운 수녀회가 된 거야!

사랑의 선교 수녀회의 수녀들

| Q 고등어가 학교에 가면? | 유학을군 A |

1979년, 인도 콜카타에서 마더 테레사

1953년, 사랑의 선교 수녀회가 인도 콜카타에 자리 잡은 곳이야. 마더 테레사는 이곳에서 지내며 수녀들을 이끌었고, 세상을 떠난 뒤에도 이곳에 묻혔어.

6가지 특별한 사실로 보는 마더 테레사

① 마더 테레사는 어렸을 때 만돌린을 연주하는 걸 즐겼어. 꼭 기타처럼 생겼지?

② 마더 테레사가 처음 학교를 열 무렵에는 학교 건물도, 학용품도 없었대. 그래서 나무 아래에서 수업을 하고, 나뭇가지로 땅에 글자를 쓰며 아이들을 가르쳤어.

③ 오랫동안 인도에서 살며 인도 사람들을 위해 일한 마더 테레사는 1948년에 인도의 국민이 되었어.

가난한 사람들을 평생 도우며 산 마더 테레사를 존경하는 마음으로, 전 세계 많은 나라가 그의 모습을 넣은 우표를 만들었어.

1979년에 마더 테레사는 노벨 평화상을 받았어. 이 상은 세계에서 가장 유명한 상 가운데 하나야. 평화를 위해 노력한 사람에게 주는 아주 특별한 상이지.

마더 테레사는 밝은 사람이었어. 일하러 갈 때마다 미소를 잃지 않았고, 재치 있는 농담도 좋아했단다.

사랑을 퍼뜨리다

다른 사람들을 도우며 살자는 마더 테레사의 연설을 듣기 위해 수많은 사람들이 모였어.

마더 테레사의 한마디
"달에 가난한 자들이 있다면, 우리는 그곳에도 가야 합니다."

마더 테레사 용어 풀이
연설: 여러 사람 앞에서 자신의 생각을 말하는 것.

마더 테레사의 일은 점점 늘어났어. 1965년부터는 다른 나라의 가난한 사람들도 돕기 시작했지.

세월이 흐르면서 마더 테레사는 몸 여기저기가 아팠지만, 일을 멈추지 않았어. 그러다 1997년 9월 5일, 87세가 되던 해에 조용히 세상을 떠났단다.

마더 테레사는 누구에게나 따뜻한 미소를 지어 주었어.

2016년 9월 4일, 마더 테레사는 '성인'으로 불리게 되었어. 이는 사람들이 마더 테레사를 오래도록 존경하고 본받을 인물로 여기게 되었다는 뜻이야.

1910
8월 26일, 북마케도니아에서 태어나다.

1928
수녀가 되기 위해 수련을 받다.

1948
수녀원을 떠나 가난한 사람들을 돕기 시작하다.

사랑의 선교 수녀회는 마더 테레사의 일을 이어받아 도움이 필요한 사람들을 돌보고 있어.

지금은 5000명이 넘는 수녀들이 사랑의 선교 수녀회에서 활동하고 있어. 이 수녀들은 모두 마더 테레사가 시작한 일을 계속 이어 가고 싶어 해.

1950
사랑의 선교 수녀회를 세우다.

1997
9월 5일, 세상을 떠나다.

2016
9월 4일, '성인'으로 불리다.

알쏭달쏭 O, X 퀴즈!

사진 옆의 설명을 읽고 맞으면 O, 틀리면 X에 동그라미 쳐 봐! 정답은 31쪽 아래에 있어.

1

마더 테레사는 바이올린 연주를 즐겨 했어.

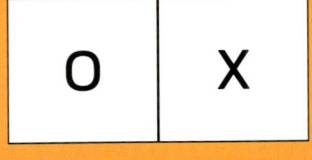

2

마더 테레사는 인도뿐만 아니라 전 세계에서 유명했어.

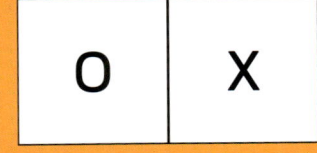

3

인도 여성들이 입는 전통 옷을 '사리'라고 해.

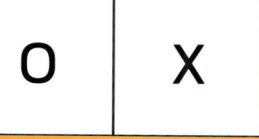

4

마더 테레사는 늘 진지하고 조용했으며 농담도 하지 않았어.

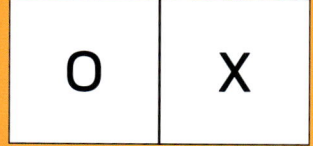

5

사랑의 선교 수녀회는 지금도 도움이 필요한 사람들을 위해 일하고 있어.

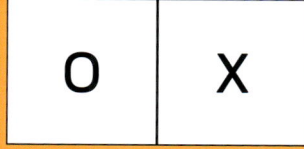

연설
여러 사람 앞에서 자신의 생각을 말하는 것.

수녀원
수녀들이 함께 살고 일하며 기도하는 곳.

이 용어는 꼭 기억해!

선교사
다른 나라로 가서 신의 뜻을 전하고, 필요한 이들에게 도움을 주는 사람.

수녀
하느님과 사람들을 위해 평생을 바쳐 일하기로 약속한 여성.